Jo Schulte

BLUMEN BLÜHEN AM HORIZONT

Jo Schulte

Blumen blühen am Horizont

VfA — Verlag freier Autoren

1.Auflage
ORIGINALAUSGABE
VfA-Verlag freier Autoren
D-6400 Fulda

Satz & Layout: VfA-Verlag freier Autoren
Illustrationen: Egon Posselt, Wuppertal
Druck: Fuldaer Verlagsanstalt

ISBN 3-88611-039-7

Wenn eine Glocke klingt,
füllt sich der Raum mit Ewigkeit –

NICHT . . .

. . . aus dem Wollen
des Menschen,
sondern von Gott
kommt jene Schöpferkraft,
die der Mensch
ungeahnt benutzt
und durch sich
emporbringt.

Sie besitzt dann einen
unantastbaren Wert,
wenn sich der Mensch
in seinem Schaffen
von dem Meister aller Schöpfung
kleiden läßt und nach
diesen Mustern
seine Werke schafft . . .

FRÜHLING

Der Frühling ist ein edler Gast,
der wie ein Phönix strahlt.
In allen Landen macht er Rast . . .,
dann dichtet er und malt.

Nicht lange währt sein Anbeginn
bis er das Bild erstellt,
dann spricht er – zu den Feldern hin –:
"Wie schön ist diese Welt!"

Den Sommer malt er vornehm blaß,
den Herbst ein bißchen bunter . . .,
dann springt er in ein leeres Faß
und taucht erst einmal unter.

Im Winter malt er schon im Geiste
ein neues, buntes Aquarell.
Viel blau, mehr grün das allermeiste . . .,
ein Lichtjahr also, freundlich hell . . .

EIN FRAUENSCHUH . . .

. . . von einem Sonnenstrahl
beheizt.

Die braune Hummel, ermattet von
dem Flug einer langen Reise, ruht
in dem ovalen Appartement wie
in einem Himmelbett.

Die Orchidee mag das kuschelweiche
Kleid des Gastes.

Einfältig ist die Natur
und hilfsbereit . . .
Wem der Schuh paßt,
der schlüpfe hinein, auf daß
er sich darin wohlfühle . . .

DIE SPINNE

Sie saß am Abend vor der
Sonne,
die lange dünne Schatten
warf . . .

und häkelte mit einer
Wonne,
hingebungsvoll, verträumt und
brav.

Sie ließ sich fallen,
metertief
und liftete nach
oben.

Selbst als ein Käuzchen nächtens
rief
von einem alten
Boden

und hin bis in den feuchten
Morgen,
wob sie die letzte Ecke
aus

und fühlte sich erst dann
geborgen . . .
im filigranen Spinnenhaus . . .

NACHT . . .

. . . die du mich fest
umschlungen hältst,
gehst nun erbarmungslos fort und
läßt mich wachend zurück –

Der Tag kennt nicht die Ruhe,
die ich brauche, um
ganz still
zu sein . . .

Rinn schneller –
Tag
und Nacht umgib mich
noch einmal
und schenk mir einen
tiefen
Schlaf . . .

AN EINE FREUNDIN
(statt eines Blumenstraußes)

Ich komme zwar mit leerer Hand,
jedoch mit vollem Herzen . . .
und möchte einmal mehr charmant
als albern mit Dir scherzen.

Die Blumen – Beste – kommen später,
jetzt bringe ich aus tiefstem Grund
Dir liebe Grüße aus dem Äther
und eine Wolke für den Mund.

Ich wähle jede Silbe fein . . .,
durchleuchte zaghaft Satz für Satz . . .
und trenne zwischen NICHT und SEIN!
Was sagst Du nun: "Du bist ein Schatz!"

Das sagst Du fröhlich und besonnen
und edel ist, daß Du so denkst,
Du hast ein zweites Herz gewonnen,
indem Du Deines selbst verschenkst . . .

ABENDWERDEN

Die Sonne über dem Wald
war nur halb zu sehen.
Über einem winzigen Spalt
mußte sie wohl stehen.

Ringsherum im Kreise
hingen wie Perlen
die Wölkchen. Und leise
aus den Erlen

flüstert's in die Stille.
Ein feuriger Strauch
aus glutender Rille
wuchs in den Abendhauch.

Es tänzelte die Phantasie
vom Mondscheinspiel entfacht.
Die Wesen wurden Harmonie
im Abendwerden vor der Nacht.

Später floh der Silberschein
ins dunkelblaue Wasser . . .
Hier wurde dann das Leuchten klein,
verschwommen, schmal und blasser.

DAS GRILLENLIED

Störet nicht die Stille . . .
Mag die alte Grille
ihre Toten auch beweinen –
Eh' der volle Mond wird scheinen
ist ihr Klagelied verstummt.

Horchet! Irgendwo da summt
ein Grillenkind im kühlen Ried
genau das gleiche alte Lied . . .

DIE INKAFRAU . . .

Kein Laut – kein Lied
dringt aus dem Strauch . . .
Im stillen Ried
hängt weißer Rauch.

Die Schnepfe hockt
wie angepfahlt,
wie aufgestockt
und bunt bemalt.

Es ruht und schweigt
die kleine Welt . . .
Im Tale steigt
aus ihrem Zelt

die Inkafrau . . .
Still und verborgen
pflückt sie den Tau
im frühen Morgen . . .

LÖWENZAHNBLUME

Kleine Sonne,
liebliches Gold –
Leuchtendes Haupt
zieret das Land.

Goldene Augen
am friedlichen Hang
blühen zu Mittag
und wogen im Meer.

Tausend Sterne
– silber weiße –
zählen die Kugeln
abends im Mai.

Nordische Winde
rütteln die Kuppeln,
ziehen und brechen
am leichten Palast.

Wie Laternchen
– lose und leicht –
schweben sie aufwärts,
taumelnd vom Wind.

Schwärmen in Scharen . . .
Bald jedes für sich.
Dann fassen sich zwei
und schaukeln davon . . .

VOR DER NACHT

Als die rotgold'ne Glut
des heißen Tages
schied

zerfloß ein Rest von Wölkchen
mattglühend und
sacht . . .

In den Anbruch der
Dämmerung fiel ein
Lied

wie ein Gebet vor dem
Schlafengehn zur
Nacht . . .

In das spärliche
Licht zog eine
Wolke

tiefschwarz aus dem
nebelspeienden
Kolke . . .

ECHTE PERLEN

Wie das Reh zur Wasserquelle,
eile du zum Heilungsborn . . .

Fülle mit der größten Welle
leicht beschwingt dein Silberhorn.

In dem Becher die Kristalle
lösen dir dein Herz – den Mund.

Echte Perlen kommen alle
aus der Tiefe heil'gem Grund . . .

EIN TAG VOR FRÜHLINGSANFANG . . .

. . . fiel nachts der kalte Regen –
nicht quälend,
mehr heilend,
im Mono-Ton,
auf das fieberrote Dach der Hütte.

Hinter der Scheibe rutschten
die Tropfen wie Tränen
in eine Wasserrille . . .

Am Morgen stieg hinter
der nackten Birke die Sonne
leuchtend empor.

Tausende Tropfen, an fingerdünnen Ästen,
blitzten wie gläserne Kugeln
an einem Lichterbaum.

Zwei Mobile – vor einer Ikone –
drehten ihre Kreise.

Ein roter und ein blauer Fisch
schwammen gen Süden.

Ein Waldkauz segelte zu seiner
Familie zurück . . .

WORTE

Worte –

sind wie Blumen
aus einem subtropischen
Garten.

Worte –

sind wie Früchte,
auf die wir heißhungrig
warten.

Worte –

sind wie Pollen,
die der Südwind ständig
verteilt.

Worte –

sind wie der Schrei,
der aus dem Innersten
enteilt.

Worte –

werden Sätze und diese
füllen der Zeiten ewigen
Bände.

Worte –

sie fassen und binden –
streicheln behutsam
zwei glückliche
Hände.

WOLKEN . . . TREIBEN

. . . aneinander gekettet
und schwer,
wie vermummte Gestalten,
die Gesichter voll Falten,
lautlos über uns her . . .

Sie fliehen über schlafendes Land
und sehen morgen den leeren Strand . . .
Später die von Felsen bewohnte Küste
und danach die heiße – unendliche Wüste . . .

EINSAMKEIT

Unter den
Einsamsten ging
ich ein und aus –
Sie lebten fromm und
ich hatte ein Nest
unter ihrem Dach
in einem einsamen Haus.

Ich kam nie zu spät –
oder zu früh –
oder zur unsteten Zeit –
Merkwürdig genug,
aber immer lag alles bereit.

Wie ich es verlassen,
so hielt es sich an
seinem Ort.
Dieses da – da das andere –
und jenes – das Einsame,
hier – da und dort.

Einsam
war jegliches herum um mich.
Wie schön – zeitlos –
unvergänglich durchlebte
es sich.

Die rötliche Kugel
glitt über die Schwelle
seit Ewigkeiten her
und träufelte Tropfen
in die einsame Quelle
und streute Blumen
in das kommende Meer . . .

HERBSTLAUB MIT APFEL

Der Straßenkehrer kehrt
das Laub . . .
Ein letzter Apfel hängt am
blätterlosen Baum.

Er ist ein städtischer Kehrer,
denkt der da oben.
Er ist ein städtischer Apfel,
meint der da unten.

Der Apfel gehört also der Stadt,
flüstert der da unten und schaut
gierig nach oben.

Ich warte, bis der Apfellaubkehrer
fort ist, überlegt der Apfel, dann
falle ich privat herunter und
komme vielleicht in einen
bedürftigen Magen . . .

BLUMEN AM HORIZONT

Nach dem letzten großen Regen
blühen sie im Wolkenmeer.
Sicher – auch mit Gottes Segen,
nun, was wollen sie noch mehr?

Aus dem Süden streichen laue
Winde durch die Blumenstadt,
ziehen mit dem Duft ins Blaue,
wie ein Kind, das Heimweh hat.

Nicht e i n Mensch und auch kein Tier
stören ihre Blütenpracht.
Überall ist Friede hier,
morgens, mittags, selbst bei Nacht.

Abends schließen sie die Blüten
ohne Furcht und Ängste zu.
"Lieber Gott, du magst uns hüten,
wir sind müde, gehn zur Ruh'!"

Wenn dann – strahlend – hell am Morgen,
Sonnenlicht sie zaghaft weckt,
leuchten sie – ganz ohne Sorgen –
unberührt und unbefleckt . . .

BIS ICH IN EINEM TRAUME

Laß mich
die losen Straßen
wandern –
Die Wege, auf die
der Nachttau schon die
Zeichen setzt.

Ich geh' so gern die
alten,
uralten Pfade,
an denen noch der Hauch
der andern Welt an
jedem Baume hängt.

Laß mich die hölzernen Brücken
überqueren,
die noch schwanken und
sich dumpf erinnern,
wenn ein Fremder da
herübergeht –
Die moosbewachsenen Stege,
deren süßer Duft
die Lungen reizt und die
– von schwerer Last gebeugt –
nun das klare Wasser kalt umspült.

Laß mich die tiefe Nacht
durchwandern, der Mond und die Sterne
sollen meinen Pfad
belichten –
Ich mag nicht, wie die vielen
andern zwischen
Stahl und Eisen
so begraben sein.

Ich möchte mit den
alten Augen
den losen Sand mit vielen
tausend Händen messen und
– wenn ich müde werde –
die wunden Füße in den
harten Berg
vergraben und wie
die Sanduhr
– ohne Unterlaß –
Myriaden Körnchen durch
meine krummen Finger
fließen lassen,
bis ich in einem
Traume
die Erdenzeit durchschlafe . . .

am Fuße des Gebirges . . .
in alle Ewigkeit . . .

NACHT AM WEIHER

Honigsüße Abendluft
zieht vom nahen Wald
übers Tal und durch die Kluft
ohne Aufenthalt.

Sie umspannt die vielen Bäume,
nährt die ausgestreckte Flur
und – damit sie nichts versäume –
folgt sie einer alten Spur.

Zitternd steht am Wald der Weiher
wie ein neugebor'nes Schaf
und ein nachtgewebter Schleier
schützt ihn mütterlich und brav.

Wie der Mond durchs Kronendach
ein letztes Mal gewunken,
ruht der Weiher im Gemach
tief im Traum versunken . . .

ABENDSTUNDEN

Abendstunden schweben
traut herein und weben
eine neue Nacht.

Durch alle Gipfel scheint
des Mondes Glanz vereint
mit gewalt'ger Macht.

Tiefgeblaute Wellen
träumen von den hellen
silbernen Schalen.

Wie sie leise zerrinnen
– wieder neu beginnen –
in gold'nen Strahlen.

Ein Kommen und Vergehn,
ein gleiches im Verstehn
hält ihre Waage.

Stilles Auf und Nieder –
beides kommt stets wieder –
wie alle Tage . . .

ERINNERUNG

Das alte, dürre Blatt an dem Baum
hängt schon lange.
An eine winzige Wurzel geklammert,
zittert es.

Kaum spürbar weht der Wind.
Und doch, er muß vorhanden sein,
denn das alte Blatt – starr von der
letzten Kälte – knarrt wie eine
Holztür, deren eiserne
Riegel schreien, wenn man
sie zieht.

Die Laute erinnern an Katakomben . . .
damals . . .
Die Türen – zu den frühen Gräbern –
sind eingeschlafen,
schlummern,
wie ihre Bewohner
dahinter.
Sie sind für diese Welt verschlossen.

Ein altes, dürres Blatt
– in Filigran gezeichnet –
hängt im Luftstrom einer
neuen Zeit . . .

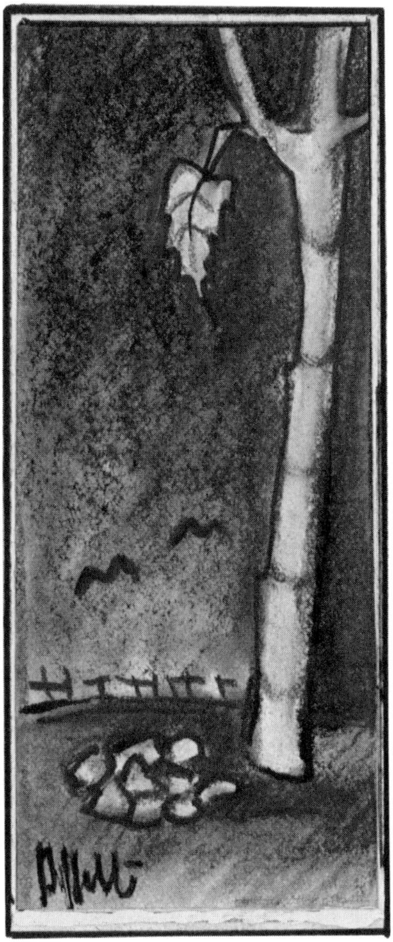

ABGESPRUNGEN . . .

Hier steh' ich nun . . .
und . . .
weiß nicht, was ich soll . . .

Ich frage nach dem Sinn
des Lebens
und find' das Maß schon brechend voll.

Obwohl ich täglich neu es wende,
es gleiten laß durch wunde Hände . . .,
als ob von außen an der Wand
ein Tropfen hinge . . .

verirrt . . .
als ob vielleicht am losen
lock'ren Griff
er schaukle wie ein Adlerbaby
. . . irgendwo am scharfen Riff . . .

Nicht genug . . .

Ich hebe noch den schweren Krug
und glaube auch, darunter
hinge er versteckt . . .

Doch . . ., welch ein Wahn . . .,
welch bitt'rer Trug,
denn dieser hätt' sich
längst gereckt
und wär',
ohn' daß man ihn erst groß gedungen,
Hals über Kopf ins Meer gesprungen . . .

WINTERLANDSCHAFT

Tritte im Schnee gehen weich –
Vogelbeeren hängen wie Trauben.
Das Farnkraut – über dem Teich –
bildet kleine kusch'lige Lauben . . .

Sittsam warten die alten Bänke.
Krähen – wie Punkte – ruhen im Weiß.
Frische Spuren führen zur Tränke,
ans fadendünne weißblaue Eis . . .

LEBE

Ich fragte dich
                    – Welt
Du sagtest nichts.

– Ich habe die Frage vergessen –

Dann hast du mich plötzlich
gerufen und sagtest:

      "Du mußt sterben"

Als ich dich fragte,
warum denn hast du mich
gerufen,
            schwiegst du.

Was soll ich tun?

      "LEBE"

KINDERMUND

Du hast ein Brüderchen
bekommen –
Fein, Papi.
Es wiegt acht Pfund –
Halb so schlimm, Papi.

Hörst du mir überhaupt zu?
Ja, Papi.

Er hatte am Vormittag
Großvaters Holzschuhe angezogen
und war damit
den Hang hinuntergerutscht.

"Großvater – Großvater, rief ich . . .,
kann nicht mehr bremsen . . .
Dann klatsch – bums, lag
ich im Wasser –
Alles halb so schlimm, Papi."

"Natürlich!", sagte ich,
"dein Brüderchen wiegt . . ."

"Es war artig einzig . . ., Papi!"

"Na klar, deine Rutschpartie
war artig einzig . . ."

Sein Brüderchen wog acht Pfund . . .
– artig einzig –
und halb so schlimm –

GEDANKEN
ÜBER EINEN WEIHNACHTSBAUM

Ein M e n s c h hatte dich
gefällt,
schleppte dich
fort und
verkaufte dich
für dreißig Silberlinge.

Andere bepackten dich
mit Krimskrams –
sangen "Stille Nacht" in
deiner Gegenwart und
sprachen von einer
"gnadenreichen Zeit".

Sie aßen sich voll –
tranken, bis sie
überliefen.

Randalierten –
schlugen sich, wie sie dich
geschlagen haben,
warfen die Tür ins Schloß
und gingen.

Auch dich werfen sie nach Tagen
auf die Straße . . .,
d i e s e l b e n Menschen.

Dein Ende ist abzusehen –
Du kannst froh sein,
daß man sich nach deinem Tode
noch um deinen Leichnam
kümmert –
ihn entkleidet
und völlig nackt verbrennt . . .

Die weitestverbreitete Krankheit
heute ist die stets wachsende
Lieblosigkeit –

Wenn wir sie nicht in den
Griff bekommen,
rafft sie ganze Kulturen
für immer dahin . . .

DU MUSST . . .

. . . zu stolz sein,
eine Sünde zu tun.
Denn wer nimmt strahlend
seinen Kopf unter den Arm,
wenn er hingeht und
um Verzeihung bittet?

Gleichfalls besser (ob leichter?)
ist es,
strahlend zu widerstehen.

So rettest du deine Seele
und eine zweite,
die oft an deinen
Fersen hängt,
folgt lächelnd deinen
Spuren . . .

GESTAFFELTE FRÜHLINGSGEDANKEN

Ich liege auf der Couch und denke
und male Bilder ganz abstrakt . . .,
dann hüpf' ich über Tisch und Bänke
und kleckse stilvoll einen Akt.

Von hier fall' ich in einen Sessel,
davor die bunte Staffelei.
Zum Tee da flötet mir der Kessel
aus Wasserdampf ein Konterfei.

Nun latsch' ich zu dem alten Hocker,
der steht vor seinem Sekretär,
ich fletz' mich hin und zähle locker
die Scheine wie ein Millionär.

Zum Schluß steig' ich in eine Tonne,
dort schweig' ich Stunden in Gedanken,
schlürf' Brunnenwasser in der Sonne
und seh' die ersten Bienen tanken . . .

LICHT UND SCHATTEN

In der Nacht . . .
von der Lampe fällt
das Licht . . .
auf die Straße . . .
an der Ecke . . .

Gleich daneben steht
der Schatten
dieser Nacht . . .
an der Straße . . .
an der Ecke . . .

Und zum Morgen
strahlt ein Licht
aus dem Himmel . . .
auf die Straße . . .
an der Ecke . . .

Die Nacht hat nun verloren
Lampenlicht
und ihre Schatten . . .
und den vielen schmalen Straßen
fehlen nun die schwarzen Ecken . . .

Was kannst du

schon bieten,
als das,
was du besitzt.

Was ist das ander's
als das,
was du hast.

Was ist das mehr
als das,
was du bist.

Der Hauptnenner ist
dein menschlicher Wert . . .

DER DICHTER UND SEINE GELIEBTE

Das Geringste schenkt er –
Das Größte denkt er –

Um Lust und Trauer weiß er und
über Liebe und Treue spricht er
in seinem Gedicht . . .

Doch sein Gesicht
wendet er,
wie ihn das Mädchen lieb umarmen
und küssen will.

Er schaut – still
in den tiefen abendwarmen
Wald.

Weit dahinter sinkt die Sonne . . .
Rötlicher Schein liegt auf den Zweigen.
In seinen Augen ruht göttliche Wonne –
Sein Horchen ins Innere ist – Schweigen.

Wie er zurückfindet, sieht er
sie stehn . . .
Unbefriedigt, leer ist ihr Blick
und seine Worte kann sie
nicht verstehn . . .

Dichter – Mensch! Entsager im Glück!

ALLES HAT SEINE ZEIT

. . . auch wenn du säest und nicht erntest,
ist es so.
Sei zufrieden!

Und wenn du siehst und hörst,
aber dennoch nichts verstehst,
ist es so.
Sei zufrieden!

Denn vieles fällt auf steinigen Grund
und geht nicht auf
und zum andern ist
der Boden noch nicht reif,
diese Saat zu verarbeiten.

Alles hat seine Zeit!

SPINNENIDYLL

In der Nacht fiel leichter Regen,
morgens stand der wilde Mohn . . .
Über taubesprengten Wegen
glühten Spinnenaugen schon.

In den Netzen – noch von gestern –
hängen Perlen zwischen Fliegen,
diese schwarzgeblümten Schwestern
wird der Frühwind heute wiegen.

Morgen ist es so wie heute . . .
Spinngewebe – nasse Strähnen –
In den Maschen äugt die Meute
tödlich lauernd – ohne Gähnen –

Und sie machen ihre Runden,
saugen weiter neues Blut . . .
Tag für Tag – in allen Stunden –
und halten das und sich für gut.

KUNST . . .

. . . ein Bild geheimen Ursprungs –
Unaussprechlich –
Im Wesen unauflöslich.

Ein Leben ohne Grenzen –
Wohnt in einem Land,
das niemanden gehört.

Ohne Herrscher –
Ohne Knechte –

Leben ist Anfang und
Tod die Vollendung . . .

Und kostbar wird alles,
was ihr weltentfernter
Atem
nur berührt . . .

IN MEINES VATERS GARTEN

Schöne, zarte Blumen . . .
Gelbe,
Rote Rosen
Blühen in dem Garten . . .

Ur- und alte Worte . . .
Späte
Neue Silben
Hängen an den Blüten . . .

Gestern – Heute – Morgen . . .
Edle,
Liebe Zeiten
Legen bunte Blumen

Träumend dir zu Füßen,
Wo sie
Schweigend ruhen . . .,
Zeitlos – dranglos warten . . .

GENIE

So manches konnt' er als Knabe nicht verstehn,
es dünkte ihn zu leer, zu fahl und spröde,
und viele Dinge sah er an als schnöde,
weil er das Kleine als Größe übersehn.

Nun – da sein Geist sich endlich selbst erlebte
und er das Für und Wider abgewogen,
hat er's sich mühlos so weit anerzogen,
daß sich Erkenntnis und Verstand verwebte.

Das Fehlen sich'rer Unbekannten –
Ein Zahlenspiel von Plus und Minus,
ist ihm enträtselt gleich dem Genius,
der da so spielt, wie mit Verwandten . . .

in träumen,
die wir plötzlich
träumen –
aus harfen, die uns
nie gespielt, dringen
töne sonderbaren
ursprungs.

durch das dämmern bricht das

l i c h t

der zweiten welt.
das sehnen füllt –
das ahnen formt –
die hoffnung trägt –

im blauen marmor spiegelt
sich das erste bild . . .

EIN IMAGINÄRES SOMMERGEMÄLDE

Ich sehne mich nach deinem
nußbraunen Körper,
nach deinen roten Lippen
und den krausen nach Fliederblüten
duftenden Haaren.

Nach der von Sonnenöl getränkten
glänzenden Haut.

Und nach den Schweißperlen, die von
ultravioletten Sonnenstrahlen erhitzt
werden und dann verdunsten . . .

Nach den Augen, die wie zwei
Sonnen leuchten und nach dem frischen
Geist, der in diesem Körper wohnt.

Noch bist du ein geistloses,
blasses Wesen.

Und noch ist die Sonne nicht zu sehen,
sie ist scheinbar vom Himmel gefallen
und all das, was ich in
herrlichen Pastellfarben
malen wollte . . .,
all das bleibt nur ein Traum . . .

FERNES DEUTEN . . .

Der Regen rinnt vom Dach –
der Himmel ist verhangen,
du träumst und bist doch wach
und hältst dich für gefangen.

Du glaubst, es spukt im Zimmer
und siehst die Aufgescheuchten
und geisterhaft – wie Flimmer –
ganz weit ein Wetterleuchten.

Du hörst die Tropfen fallen
auf eine kleine Bank
und dann ein süßes Lallen
aus einem Puppenschrank.

Der Tag weht die Gespenster fort –
du findest in dein Haus zurück
und kennst nun den geheimen Ort
der Puppenspieler "Pan & Mück" . . .

PUSTEBLUME

Oh weh, es fegt der Wind
mir durch das Haar . . .

Ich armes Pustekind.

Mein Leben ist
ein Augenblick –
Ein TRAUM und etwas GLÜCK.

Der Sturm zerstreut
für alle Zeit
mein lichtdurchwebtes
Sommerkleid . . .

Ich armes Pustekind.

HERBST . . .

Nun fallen letzte Blätter,
die Bäume werden blank.
Die Waldmaus wird noch fetter,
der Fuchs sagt "Gott sei Dank!"

Die Wiesen sind nun kahl,
die Äcker alle grau
und in das weite Tal
fällt über Nacht der Tau.

Die Fledermäuse surren
und fangen die Insekten.
Die Baby-Kätzchen schnurren,
weil sie Mama entdeckten.

Die Käfer unter Tage
geh'n allesamt zur Ruh' . . .
Kein Wort mehr – keine Frage –
die Äuglein sind jetzt zu . . .

Wunderbar . . .
am Abend
ist die Natur, so labend –
Und alles geht zur Ruh'
und du

du Müder auch.
Der weiße Rauch
steigt langsam in den Äther
und später

zieht eine Wolkenherde,
aufgelöst,
rund um die schlafende Erde . . .
Der Mond, eine runde lächelnde Gestalt,
uralt,
steht am Horizonte still.
Er will

dem Wand'rer auf dem Wege scheinen.
Mit den Kleinen
spielt er "Schwarzer Kater",
brav, geduldig . . . wie ein Vater.

Die Kobolde springen wie Gespenster
vor . . . und durch das Fenster
bis des Treibens vor Ermatten
sie sich strecken tief im Schatten.

Wie gut ist es . . .,

daß unser Wissen
so lückenhaft ist,

denn es wäre traurig
um uns bestellt,
wüßten wir alles . . .

Es gibt manches,
das zu lernen
wir uns nicht
bemühen sollten.

Es vernichtet uns nur . . .

LEBENSLINIEN . . .

. . . in einem greisen
Menschenantlitz
sind wie Furchen
in einem Acker.

Die ersten gleichen Lavarinnen
eines über Jahrzehnte tätigen Vulkans.

Die zweiten kann man zu
jeder Zeit umpflügen und
irgendwo neu anlegen . . .

BALLADE VON DER TRAUERWEIDE

Ich sitze hinter Glas und träume
und schaue Jahr um Jahr zurück.
Ich zählte damals Weidenbäume,
die kleinsten immer Stück für Stück.

Sie waren jung und wollten streben
und freuten sich auf jeden Morgen
und hingen – auch wie ich – am Leben . . .,
vergnügt . . . und ledig aller Sorgen.

Doch wie das Leben vielfach spielt;
ein Baum bleibt stets am selben Ort.
Der Mensch hebt seinen Fuß und schielt,
hebt dann den zweiten und geht fort.

Nach Jahren kam als Mensch ich wieder;
das Bäumchen ward' ein Weidenbaum.
Man trat ihn oft, schlug ihn auch nieder,
daß er noch lebt, scheint mir ein Traum.

Kein Wesen bleibt an gleicher Stelle;
ein jedes sehnt sich nach der Ferne
und sucht ein Nest mit einer Quelle . . .,
am Tag die Sonne, nachts die Sterne.

Die Weiden aber stehn und schauern . . .
Ihr Leben fräste tiefe Wunden,
worüber sie nun sichtbar trauern,
weil sie im Erdreich fest gebunden.

Sie möchten nun in dieser Welt
in tiefem Schwarz sich kleiden,
doch niemand gibt den Armen Geld
als echte "Trauerweiden" . . .

Auf moosbewachs'nen Pfaden
Frühdämm'rung legt sich hin –
und herzlich einzuladen,
das ist ihr steter Sinn . . .

Im Innersten verweilen,
zu horchen, wie es steht,
und Riss' und Wunden heilen
im stillen Nachtgebet . . .

DAS RÄTSEL . . .

Im frühen Morgendämmern
dröhnt es im stillen Wald.
Kein Sägen, wohl ein Hämmern
als Echo widerhallt.

Noch ist der Schleier gräulich,
die Maschen fest und dicht,
da schimmert eben bläulich
das erste Morgenlicht.

Bald zeigt sich auch der Meister
auf seine Art und Weise . . .
Wer kennt ihn – und wie heißt er –
ist grün – auch blau – kaum leise . . .

Der EINE Baum
– inmitten einer Wüste –

gleicht EINEM Sperling
in der Luft . . .

Und beide dann
– zur rechten Zeit –

sind wie ein
wahres Wunder.

Denn, wo ein Baum wächst,
ist auch ein Sperling
nicht mehr weit . . .

DER WINTER . . .

. . . ist wie ein Samariter.
Dem Durstenden gibt er sein Wasser,
dem Fiebernden sein Eis.

Den Kindern schenkt er einen
weißen Mann

mit einem schwarzen Hut,
mit dunklen runden Augen,
mit einer langen roten Nase,
mit einem breiten Mund
und großen Ohren.

Die Hände in dem Mantel
sind vergraben
und die Füße fest in Erden.

RUSSFLOCKEN . . .

. . . drängen aus der
heißen Esse
ins Freie –

Fallen
in frostiger Nacht
– unbekleidet –
in ein weißes Meer
und erfrieren.

Ihre Gräber sind
kleine schwarze Punkte.

Ein gedankenloser Augenblick
in unserem Leben
entscheidet oft über
Zeit und Ewigkeit . . .

DER FALL

Der Stein des Anstoßes ist sein Fall.
Er fällt aus ew'gem Dom
in die Tiefe – ins Unendliche herab . . .

Ähnlich wie ein gesprochenes Wort,
es fliegt unwiderruflich davon . . .

uneinholbar –
Wohl mag ein Echo es noch fangen,
doch dann
verliert es sich in grenzenlose Weiten . . .

Wir sind nur winzig kleine Götter,
bestimmen oft den Anfang
und bringen einen Stein ins Rollen . . .

aber das Ende –
das Ende halten wir nicht –

DER FREMDE

Als Fremder kam ich . . .
Spät . . ., von drüben . . .
durch den Tau der
kalten Nacht.

Niemand sah mich . . .
Durch die Weite
schritt ich glühend,
wie durch einen dunklen Schacht.

Eine Condor, hoch im Äther,
zog den Faden hinter sich . . .,
fiel er doch in dieses Tal
grade mir zu Füßen.

Sicher bald . . ., vielleicht auch später,
werden aus dem Faden Worte
und von oben wird mich still
irgendeine Seele grüßen . . .

KANALWASSER

Ölig . . . braun-gelbes
stinkendes Wasser.

Die Sonne sticht . . .
Strahlen dringen durch Glasscherben
ins faulende Gras.

Feuer über dem Wasser . . .
Die Eisenplanken glühen . . .

Das Wasserhuhn paddelt
in Todesangst
– erhebt sich –

und fliegt ins Feuer . . .

AN DAS LEBEN

Nimm mit beiden Händen,
was die Welt dir gibt . . .
Reich' es ohn' Bewenden
weiter – so verliebt.

Denn die Welt schenkt Leben,
herrlich – wie im Traum –
und ihr ganzes Geben
klingt – himmelhoch im Raum –

Mit den alten Händen
schreibt sie Stück für Stück,
wohl in tausend Bänden
nur ein Wörtchen . . . Glück.

DER BAUM

Gestern stand ich unter vielen
meiner Brüder froh im Wald,
heute hab' ich hohes Fieber
und mir ist so bitter kalt.

Meine Füße – in dem Boden –
sind ganz steif und blaß vor Kälte,
selbst die Hände – in dem Loden –
hat der Tod schon blau bemalt.

Mein Cousin, ein schmaler Jüngling,
das Cousinchen, etwas breiter,
schnäuzen ständig ihre Näschen,
früher . . . lachten sie so heiter.

Irgendetwas in der Luft
legt sich tief in unsre Lungen,
sicher ist's kein Tannenduft,
kein Ozon von heilen Fichten.

Selbst der Adler in den Bergen,
der dort an dem Felsen haust,
sieht den Wald schon bald verenden
in dem zweiten Holocaust.

Sollten wir es nicht verstehen,
unsre Erde stark zu lieben,
wird die Schöpfung untergehen . . .,
mit der Asche spielt der Wind.

All die Berge, grüne Täler,
würden über Nacht ganz kahl,
und wir könnten still nur beten:
"Herr, verschon' uns noch einmal!"

FREIHEIT

Morgengrauen –
und Nebelschwaden –
und irgendwo ein Kikeriki.

Meisen bauen –
und Amseln baden –
Der Igel frißt noch Sellerie.

Ein Bussard schwebt –
und die Elster schreit –
Der Specht beginnt zu hämmern.

Der Frühwind hebt
das Morgenkleid
behutsam vor dem Dämmern.

Und wie der Kuckuck
"Kuckuck" schreit,
da segeln Uhus übers Feld . . .

Der Herrgott hat sie
klug befreit
vom schnöden Mammon dieser Welt . . .

EINE NACHBARIN . . .
(Zwischen zwei Etagen)

Heute geh' ich einmal runter,
morgen tingel ich nach oben –
und so putze ich recht munter
die Etagen so im groben.

Dieser Herr – dort über mir –
lächelt prompt zu jedem Gruß.
Spielt 'Bla-Bla' auf dem Klavier
und geht meilenweit zu Fuß.

Er ist stets ein feiner Mann
und duftet pur nach Rosen,
man nennt ihn Herrn Sebastian,
sein Bier trinkt er aus Dosen.

Unter mir, der Herr, liebt Goethe,
ist gebildet, spricht von Schiller.
Bändigt Schlangen mit der Flöte
und spielt gerne Lady-Killer.

Stellt sich vor als Blitz-Ableiter,
sei Chirurg für Alt-Neurosen,
war ein General-Gefreiter
und sei Doktor der Mimosen.

Als Pilot sei er geflogen,
fuhr als Käpt'n auf dem Meer.
Gott sei Dank. . . viel ist gelogen,
doch ein's war er – ein Charmeur.

UNVERSTÄNDLICH

Der Schnee erinnert
an gestern –

Vorgestern war alles
noch grau –

Und vor-vorgestern lag
dichter Nebel.

Der Tag davor brach
ein Gewitter
die Äste aus den Baumkronen.

Und vor dem Gewitter
strahlte die Sonne –
wie im Frühling . . .

An diesem Tag
starb der Großvater –

Das konnte ein kindliches
Herz nicht verstehn . . .

MAN NEHME . . .

Man nehme sich ein Stück Papier
und schreibe Seiten drei bis vier.
Und wenn es dann nicht weitergeht,
was jeder Mensch recht gut versteht . . .,

dann sollte man sich nur nicht quälen,
stattdessen lieber Schäfchen zählen,
und sind die Hundert erst erreicht,
wird auch das Schreiben wieder leicht.

Man führt mit sich'rer Hand den Kiel,
schreibt dies & das – erst gar nicht viel –
so einfach weg – ganz kunterbunt –
kommt man von Katzen auf den Hund.

Und, sozusagen, federleicht,
hat man das Ende bald erreicht.
Die Luft ist voller kleiner Motten,
im Wasser tummeln sich die Sprotten,

der Specht schlägt an den hohlen Stamm
sein ewig altes Tatta-Damm.
Jetzt hört man auch den bunten Späher
– gemeint ist hier der Eichelhäher –

der schreit, sieht er nur eine Maus,
als brenne dort des Jägers Haus.
Und kräht und tobt in Dur und Moll,
als habe er die Hosen voll . . .

Die Augen funkeln im Gesicht . . .,
dann murmelt er, ja, stottert schlicht . . .
"Hat niemand denn im Walde hier
ein kleines . . . weißes Stück Papier?"

SPÄTE INTENTIONEN . . .

Es fällt das letzte Sonnenlicht
durch Bäume und auf Äste,
die ohne Blätter sind und schlicht
kein Rastplatz mehr für Gäste.

Vereinzelt dringt ein warmer Strahl
bis hin ins welke Gras,
wo sich ein Lurch zum letzten Mal
den Körper sonnt zum Spaß.

Am Rande eines Wasserlochs,
da tanzen noch Libellen,
wohl nach der Weisung eines Kochs,
denn der will die Forellen.

Herr Adebar mit langen Schritten,
behutsam und ganz leise,
verhält sich nach den alten Sitten
und dreht sich still im Kreise.

Noch ist das Rennen hier ganz offen . . .
Es fängt der Fisch sich die Libelle;
der Koch . . ., der kann jetzt nur noch hoffen,
er wär' ein Storch . . . und dann Forelle.

SCHRITTE DER APARTHEID

Stiefel treten den Asphalt
und die Schritte der Gestalt,
deren Füße gar nicht passen,
quälen sich durch schmale Gassen.

Jeder Schritt in dieser Enge
zieht sich furchtbar in die Länge
und es schleicht sich jeder Laut
fröstelnd unter eine Haut.

In den Wänden – runde Ohren –
ihnen geht kein Wort verloren.
Sie verhören jeden Tritt . . .
und vermessen Schritt mit Schritt.

Wie in leeren Katakomben
dröhnen Schritte, die wie Bomben
auf das heiße Pflaster springen
und das Lied vom Tode singen.

Wieviel Schritte hat ein Leben?
Sind die Tritte schon vergeben?
Überspringen vor den Klippen
Worte auch schon unsre Lippen?

Wär' vergessen jede Klasse,
zählte nicht nur eine Rasse,
lief die Sonnenuhr in Quarz,
welch ein Glück . . . für Weiß und Schwarz.

DAS SPIEGELGESICHT . . .

Der Spiegel ist dein bess'res Du,
er kennt doch alle Tücken;
schaust du hinein – das ist der Clou –
siehst du die feinsten Lücken.

Du glaubst, du sähest den Kometen
wie eine Kugel fern im All,
und schwörst – beim Barte des Propheten –
dein Kopf wär' das auf keinen Fall.

Du bist schockiert, weil deine Nase
wie ein Gebirge dich beklemmt,
und hoffst nun, daß die Wasserblase
dich an den Strand von Ceylon schwemmt.

Zwei runde Löcher in dem Berg
erscheinen dir wie Tropfsteinhöhlen,
davor ein Pickel – wie ein Zwerg –
im Disneyländle von Sankt Pöhlen.

Der Mund, ein reißender Kanal,
läßt Fracht herein, doch nicht hinaus.
Es fahren Schiffe – ganz banal –
die sind oft größer als ein Haus.

Wenn sie am Ende dieses Stranges
das Licht der Welt erstaunt erblicken,
dann sieht man ein minutenlanges
Feuer – und hört leises Klicken.

Geht dann der Tag dem Ende zu,
verlöscht allmählich jedes Licht,
die Nacht bringt die ersehnte Ruh'
und dir dein Allerweltsgesicht . . .

EIN UNBESCHRIEBENES BLATT

Rechteckig oder quadratisch,
ganz in weiß oder auch grau.
Die Ecken gerundet oder abgebrannt . . .

Manches Blatt Papier sollte leer bleiben.
Der Betrachter könnte
eigene Gedanken darauf niederschreiben.
Oder Punkte wahllos auftragen.

Er könnte sie verbinden – kreuz und quer –
Die Phantasie kennt keine Grenzen.
Setzt er aber Punkte und Kommata
und dazwischen Worte –
wird es eine Schwerstarbeit.

Er müßte kürzen – Großes kleinschreiben,
Überflüssiges streichen – Ballast
abwerfen.
Das Einfache blieb übrig, Worte, die
jeder verstünde, weil sie so nackt sind . . .,
so schön . . . oder so gut –

. . . CHALLENGER . . .

Raketen drückten Astronauten
donnernd in den Weltenraum,
die Menschen bangten und sie trauten
ihren bloßen Augen kaum.

Viele hundert Tonnen schwer
wurden aus der Erd' gesogen
und dann über Land und Meer
in den Kosmos reingezogen.

Aus den Rohren sprang das Feuer,
rötlich-blaue Todesstrahlen . . .
Alles war so ungeheuer
und die allerletzten Qualen

wurden aus der kalten Sphäre
elektronisch registriert . . .,
doch bei dieser letzten Fähre
schien das Unglück programmiert.

Ist der Mensch auch ein Erfinder . . .,
denkt er oft wie Vogel Strauß . . .
Weise Männer werden Kinder,
geht das Märchen anders aus.

Das Geheimnis dieser Tücke,
und das Sprichwort ist so f a d . . .,
"heiße Nadel" reißt in Stücke,
näht der Schneider solche Naht.

DER SCHNEEMANN

Wenn die Winterzeit vorüber ist
und er wird nicht mehr gebraucht,
geht auch der Schneemann,
lautlos, wie er kam.

Den Hut nimmt er herunter –
Die Augen weint er aus –
Die Nase niest er fort –
Der Mund läuft langsam über –
Die Ohren fallen ab –

Die Arme verlieren ihre Hände –
Der Mantel rutscht vom Leib –
Die Füße laufen fort –

Sein kaltes Wasser
wird erwärmt
und der Frühling drückt
den neuen Samen in die
weiche E r d e . . .

DER KIESELSTEIN

Ein runder schwarzer Kieselstein
– vom Rollen schwer marode –
war tausend Jahre lang allein
und daher nicht in Mode.

Das ärgerte den Kieseling,
derweil er lag am Strand,
bis daß ein Fischer fischen ging
und diesen Kiesel fand.

Als er den schwarzen Kiesel sah,
wollt' er vor Glück zerspringen.
Er wußte nicht, was ihm geschah
und tat vor Freude singen.

Ein "schwarzer" unter all den "weißen"
war jedenfalls sehr komisch.
Der könnte sicher "Blacky" heißen,
das schien ihm salomonisch.

So sprach der "Schwarze" zu dem "Weißen",
"ich schenke Euch aus meinem Land
nach alter Sitte, das soll heißen,
statt Wasser – einen Krug mit Sand!"

DIE ALTE UHR
(und der Unbekannte)

Die alte Uhr, die sonst um
Mitternacht die zwölfte
Stunde schlug,
steht still –

Das Pendel, einst der Puls
des Lebens,
ist eingeschlafen,
hängt schweigend im Gehäuse.

Die Seele ist entflohen –
das Auge matt –
das Ticken ist verklungen –

Die Ewigkeit ist
angebrochen und
der es will,
hat ihr die Zeit genommen.
Um Mitternacht war der
Unbekannte
lautlos hereingekommen . . .

PECH . . .

Der Radfahrer blickt stur
nach vorn –
kippt den linken Arm
heraus –
Biegt nach rechts ab.

Prallt gegen einen parkenden
Notarztwagen.
Pech:
Er hatte den falschen Arm
herausgestreckt.

DIE LIEBESERKLÄRUNG

"Ich liebe Dich, Du weißer Schwan",
sprach würdevoll der kleine Hahn . . .
"Das ist", sprach jener, "Ironie
und obendrein noch Bigamie!"

Das Hähnchen aber – unverdrossen –
stellt seine Flügel kurz entschlossen
dem Wind entgegen mit Entzücken
und landet auf der Schwänin Rücken.

Sie meint, der Kleine ist possierlich
und, wie ihr schwant, auch ganz manierlich;
doch schwimmen kann der kleine Wicht
trotz allerliebster Werbung nicht!

"Ich bin ein Tierfreund, kleiner Hahn",
sprach tiefbetont der Schwänin Schwan
"und will den Fehltritt Dir vergeben . . .,
doch rat' ich Dir, Dich zu erheben!"

Doch dieser tat das Gegenteil
und bot sein 'Kikeriki' noch feil.
Der Schwan hielt dieses Abenteuer
für überzogen, ungeheuer . . .

Der Schwänin riet er – unter Fauchen –
ins kühle Naß hinabzutauchen.
Der Hahnemann, das Federvieh,
würd' bald ertrinken . . . Kikeriki!

Die Schwänin aber fuhr galant
den Hahnemann ganz schnell ans Land . . .
Der träumt in seiner Phantasie:
"Bald kann ich schwimmen, Kikeriki!"

DER MOND . . .

. . . ist in der Dunkelheit
mein allerbester Freund.

Er ist stets an meiner Seite;

mal ist er rechts –
mal links –
mal vorne –
mal hinten –

Immer ist er über mir . . .

GLÜCK IM UNGLÜCK

Der Autofahrer drückt plötzlich
auf die Hupe –
tritt mit aller Kraft auf
die Bremse.

Reifen quietschen.

Er stößt mit dem Kopf
gegen die Windschutzscheibe –

War nicht angeschnallt.

Während der Fahrt
hatte er geträumt.

Fazit:
Es gab n i c h t s zu hupen –
n i c h t s zu bremsen . . .

ES FIEL KEIN LICHT

Du Kätzchen . . . auf dem Mauerwerk,

da hockst du gut –
da sitzt du wohl –

Dein weißes Fell auf
schwarzem Stein.

Die Augen leuchten hin
und her.

Du suchtest mich –
Ich suchte Dich –

Wir waren gleichen Sinnes.

"Ach Gott – es sieht mich nicht"
"Ach Gott – er sieht mich nicht"

Es fiel kein Licht –
Pechschwarz die Nacht –

Du sprangst vom Stein –
Ich ging des Wegs –

Und da rief jemand:

"Gute Nacht!"

DER WUNSCHZETTEL

Ein Feuerzeug
(für eine Flamme)

Ein Fahrtenmesser
(für die Fahrt)

Ein Fahrrad
(zum Fortbewegen)

Eine Filmkamera
(zum Fotografieren)

Ein Fernglas
(für die Fernsicht)

Für die Fundsachen
– die ich finde –
"lieber Fudschijama"

Einen K O F F E R . . .

JAHRESWENDE

Freund, das vergangene Jahr . . .,

ist es nicht wie ein gelesenes Buch?
Was darin aufgezeichnet ist, das war.

Ein neues liegt jungfräulich offen,
noch unbefleckt, wie weißes Tuch,

und jedes Blatt läßt NEUES hoffen
und jede Stunde klipp und klar
legt deutlich die Probleme dar.

Geht das alte Jahr vonhinnen,
zieht mit ihm auch manches Glück.
Vieles war auch schlecht darinnen;

doch am Ende ist das Stück
nur eine kurze Spanne Zeit –
gemessen an der Ewigkeit.

Wie ein Tropfen vor dem Fall,
rundherum ganz wunderbar,
endet der Dezemberball
und es folgt der Januar . . .

SILVESTER . . .

In der letzten Diesjahrnacht
ist der Himmel rot entfacht.
Wenig Stunden noch im Jahr
und das NEUE – wunderbar –
liegt formlos uns zu Füßen.

Der Kellner leert die Flaschen –
der Trinker seine Taschen –
Die Magd fegt wie in einem Traum
im NEUEN JAHR den alten Raum . . .
und der läßt herzlich grüßen . . .

DAS LEBEN . . .

. . . ist wie eine
Seilfahrt –

Wo man steht, weiß
man erst,
wenn man den
Knopf drückt . . .

Ein fröhlicher Mensch
meistert das Leben besser
als ein Pessimist, dem
ständig das "P" wie
eine "Plombe" im
Halse steckt . . .

GUTE GEDICHTE . . .

. . . sind wie reife Früchte . . .
Man erkennt sie an ihrem Geschmack.

Sie wachsen unter der Sonne,
unter den Wolken und
mit dem Regen auf
und haben ihre ganz
eigene Note . . .

Die andern aber sind gezüchtet
und atmen Treibhausluft,
werden künstlich
bewässert
und haben einen fahlen
Nachgeschmack . . .

INHALT:

Lieber Leser,

ein Lyrikband ist mit einer Speisenkarte zu vergleichen. Es wird vieles angeboten – und letzten Endes ist alles eine Geschmacksache.

Aber der Appetit kommt bekanntlich beim Essen.

Lesen Sie bitte das Buch zwei- oder dreimal und es "schmeckt" Ihnen von mal zu mal besser. Sie können es dann sogar ruhigen Gewissens Ihren Freunden empfehlen.

Vielen Dank!